AF245426

QUELQUES PAGES

D'HISTOIRE CONTEMPORAINE

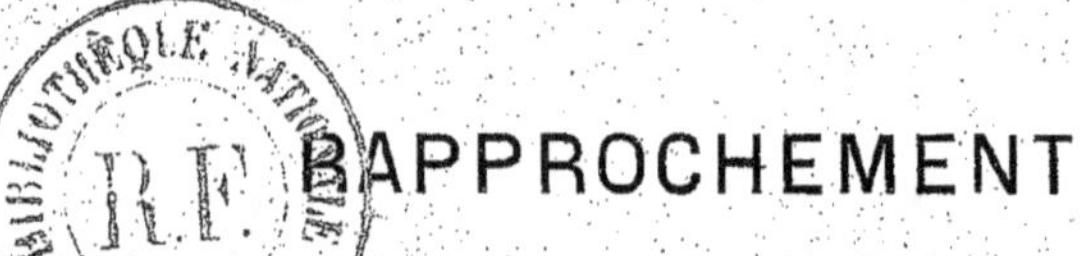

RAPPROCHEMENT

ENTRE

LA CHUTE DE CHARLES X ET DE LOUIS - PHILIPPE Ier

CELLE DE LOUIS-PHILIPPE Ier

ET DE NAPOLÉON III

AVEC

NOTES ET RÉFLEXIONS

PAR

ALPHONSE LANGLOIS

NOUVELLE ÉDITION (19°) REVUE ET AUGMENTÉE D'UN APPENDICE

Prix : 50 centimes

PARIS

L'AUTEUR, BOULEVARD SAINT-GERMAIN, 79

29 septembre 1877

QUELQUES PAGES

D'HISTOIRE CONTEMPORAINE

RAPPROCHEMENT

ENTRE

LA CHUTE DE CHARLES X ET DE LOUIS-PHILIPPE Ier

CELLE DE LOUIS-PHILIPPE Ier

ET DE NAPOLÉON III

AVEC

NOTES ET RÉFLEXIONS

PAR

ALPHONSE LANGLOIS

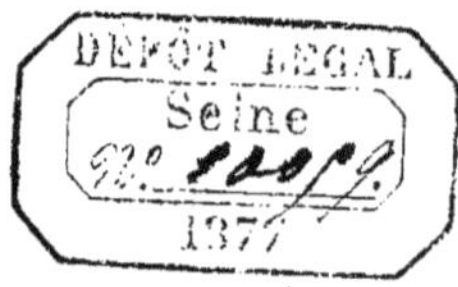

NOUVELLE ÉDITION (19e) REVUE ET AUGMENTÉE D'UN APPENDICE

Prix : 50 centimes

PARIS

L'AUTEUR, BOULEVARD SAINT-GERMAIN, 79

29 septembre 1877

Les seize premières éditions de cet opuscule ont paru en une feuille in-plano.

Propriété de l'auteur, qui concédera la reproduction de ces curieux Tableaux synoptiques, tels quels, dans les journaux, ou comme propagande, à qui lui en fera la demande par lettre affranchie, à la condition de lui adresser un exemplaire des reproductions. L'auteur recueille depuis de longues années, sur notre histoire nationale, tout ce qui se rattache à ce petit document qui a été tiré déjà à plus de deux cent mille exemplaires, tant par les dix-neuf éditions successives typographiées ou photographiées, que par les reproductions dans un nombre de journaux, almanachs, recueils de prophéties ou autres ouvrages, ainsi que par plusieurs contrefaçons. Ce travail a été reproduit par des journaux et almanachs qui s'en sont emparés impunément en le dénaturant et l'appropriant à leur politique révolutionnaire. Adresser les demandes ou communications boulevard Saint-Germain, 79.

PRÉFACE

L'importance des faits relatés dans les Tableaux ci-contre n'échappera à personne ; tous nous démontrent d'une manière irréfutable que le gouvernement de la monarchie légitime est le seul qui puisse exister sérieusement en France, parce qu'il s'appuie sur un principe : l'hérédité. Qui pourrait le nier ?... Ce principe est ce qui a le plus contribué à faire de notre pays, pendant dix siècles, la grande nation française, prospère à l'intérieur, forte et respectée au dehors malgré les phases critiques qu'elle a traversées.

La Révolution de 1789, en renversant la royauté, a détruit cette grandeur et cette prospérité. Depuis cette époque douloureuse, à part la Restauration qui fut une administration sage et honnête, quels gouvernements avons-nous vus à la tête du pays ? Des gouvernements éphémères, établis au lendemain d'une insurrection et obligés de compter avec la révolution plutôt que de chercher à l'anéantir. Ils ont disparu, mais que nous ont-ils légué ? Un pays amoindri, mutilé et réduit à un rôle tellement secondaire dans la politique européenne, qu'il ne peut même élever la voix lorsqu'il s'agit de défendre au dehors les intérêts catholiques qui lui sont chers, de tout temps, apanage glorieux de la *Maison de France*, de la France elle-même si fière de son titre de fille aînée de l'Église.

Le ralliement pur et simple à la monarchie légitime, c'est-à-dire à l'affirmation souveraine des principes vrais et stables, est donc indispensable aujourd'hui. Il faut arrêter les progrès de toutes les sectes révolutionnaires qui représentent la négation et n'ont qu'un but : la destruction radicale de la société. Le salut est dans cette union ; à ceux qui la repoussent sous des prétextes plus ou moins sérieux, nous leur dirons qu'il n'y a plus de moyens termes à employer et leur opposerons cette parole de l'Évangile : *Tout royaume divisé contre lui-même sera ruiné.*

———

RAPPROCHEMENT

DES CIRCONSTANCES ET ÉVÉNEMENTS QUI ONT PRÉCÉDÉ ET SUIVI LA CHUTE
DE CHARLES X ET DE LOUIS-PHILIPPE Ier
AVEC NOTES ET RÉFLEXIONS.

1° Le duc de Berri, fils de Charles X, roi de France,

2° Se marie avec une princesse étrangère, la princesse Marie-Caroline (Sicilienne).

3° De ce mariage naît, le 29 septembre 1820, au palais des Tuileries, un fils héritier de la couronne, le duc de Bordeaux (auquel, à son berceau, la France, par une souscription nationale, fit le don du splendide château de Chambord).

4° Ce jeune prince est baptisé, à l'église métropolitaine de Notre-Dame de Paris, le 1er mai 1821, avec tout le cérémonial dû à son rang, sous les noms de Henri-Charles-Marie-Ferdinand-Dieudonné de Bourbon.

5° Son père, le duc de Berri, meurt assassiné par le régicide Louvel, à la sortie de l'Opéra, à l'âge de 42 ans,

6° Le 13 février 1820.

7° Dans l'année qui précéda la chute de Charles X (1829), le pain s'éleva à un prix excessif : 1 fr. 05 c. les 2 kilogrammes.

8° Le froid rigoureux de l'hiver 1829-1830 fait prendre la Seine dans Paris.

9° La marche rétrograde du Gouvernement, après de magnifiques espérances, engage les vrais royalistes à lui soumettre des conseils sur la crise qui se prépare.

10° Ces conseils sont méconnus par le pouvoir.

11° « Si de *coupables manœuvres* suscitaient à mon gouvernement des *obstacles* que je ne peux pas, que je ne veux pas prévoir, je trouverais la force de les *surmonter*, etc. » (*Extrait du Discours de la couronne*, 1830.)

12° Ces paroles acerbes amènent la protestation de 221 députés.

13° Prise d'Alger et du dey, le 4 juillet 1830,

14° A la veille d'une catastrophe révolutionnaire.

15° Cette conquête, comme tant d'autres de nos colonies ou provinces de France, à laquelle participa glorieusement l'illustre maréchal de Mac-Mahon, simple sous-lieutenant, fut faite sous le drapeau blanc.

16° Ordonnances du 25 juillet, qui annulent la liberté de la presse.

17° Le lundi soir, ces ordonnances donnent lieu à des attroupements où les journaux sont lus et commentés à haute voix. Ce mouvement est une espèce de prélude à la révolution qui devait éclater le lendemain.

18° On se révolte contre ces ordonnances, on élève des barricades de toutes parts, et le pouvoir tombe aux mains des insurgés.

19° Cette révolution s'accomplit aux cris de *Vive la Charte!*

20° Le combat dure trois jours, les 27, 28 et 29 juillet 1830,

21° Commençant le mardi et finissant le jeudi.

22° Les révoltés l'emportent sur les troupes royales.

1° Le duc d'Orléans, fils de Louis-Philippe Ier (¹), roi des Français,

2° Se marie avec une princesse étrangère, la duchesse Hélène (Mecklembourgeoise).

3° De ce mariage naît, le 24 août 1838, au palais des Tuileries, un fils héritier de la couronne, le comte de Paris.

4° Ce jeune prince est baptisé, à l'église métropolitaine de Notre-Dame de Paris, avec tout le cérémonial dû à son rang, sous les noms de Louis-Philippe-Albert d'Orléans.

5° Son père, le duc d'Orléans, meurt par un accident, d'une chute de voiture à Neuilly, sur la route de la Révolte, maison n° 13, à l'âge de 32 ans,

6° Le 13 juillet 1842.

7° Dans l'année qui précéda la chute de Louis-Philippe Ier (1847), le prix du pain s'éleva à un taux devenu exorbitant : au 1er avril, 1 fr. 24 c. les 2 kilogrammes.

8° Le froid rigoureux de l'hiver 1847-1848 fait prendre la Seine dans Paris; elle n'avait pas pris depuis 1830.

9° La marche rétrograde du Gouvernement, après de magnifiques espérances (au moins en apparence), engage les vrais conservateurs à lui soumettre des conseils sur la crise qui se prépare.

10° Ces conseils sont méconnus par le pouvoir.

11° « Au milieu de l'agitation que fomentent des passions *ennemies* ou *aveugles*, une conviction m'anime et me soutient : c'est que nous possédons, dans la monarchie constitutionnelle, dans l'union des grands pouvoirs de l'État, les moyens assurés de *surmonter* tous les *obstacles*, etc. » (*Extrait du Discours de la couronne*, le 23 novembre 1847.)

12° Ces paroles acerbes amènent la protestation de 108 députés, qui décident qu'ils assisteront au banquet du 12e arrondissement.

13° Prise d'Abd-el-Kader, le 23 novembre 1847,

14° A la veille d'une commotion révolutionnaire.

15° Cette prise, qui amena la pacification de l'Algérie, est due, en grande partie, au talent de l'illustre général de La Moricière, plus tard (en 1860) chargé de l'organisation et du commandement des zouaves pontificaux.

16° Ordonnance du préfet de police, affichée le 21 février, qui s'oppose au banquet.

17° Le lundi soir, cette ordonnance donne lieu à des attroupements où les journaux sont lus et commentés à haute voix. Ce mouvement est une espèce de prélude à la révolution qui devait éclater le lendemain.

18° On se révolte contre cette ordonnance, on élève des barricades de toutes parts, et le pouvoir tombe aux mains des insurgés.

19° Cette révolution s'accomplit aux cris de *Vive la Réforme!*

20° Le combat dure trois jours, les 22, 23 et 24 février 1848,

21° Commençant le mardi et finissant le jeudi.

22° Les révoltés l'emportent sur les troupes.

23° La gendarmerie se présente la première au combat et succombe.

24° Elle est licenciée.

25° Mais l'utilité de ce corps, par les services qu'il rend à la cause
de l'ordre public, le fait reconstituer, par le gouvernement nouveau,
quelque temps après, sous le nom de Garde municipale.

26° L'inviolabilité royale, proclamée dans la Charte de 1814, devient une dérision.

27° Charles X est déchu du trône à l'âge de 74 ans,

28° En juillet, mois de la mort du duc d'Orléans....

29° Il abdique en faveur de son petit-fils, le duc de Bordeaux,
sous le nom de Henri V, âgé de 10 ans (le duc d'Angoulême n'ac-
ceptant pas la royauté) (¹).

30° Le duc de Bordeaux est présenté comme roi.

31° Il est refusé, et on répond qu'*il est trop tard*.

32° En tombant du pouvoir, ce gouvernement, appelé *de la Restauration*, laisse la France honorée et respectée de tous les gouvernements étrangers, les finances prospères, en possession de la
conquête d'Alger et de quarante-sept millions trouvés à la Casbah ;
et de plus à la veille de rentrer diplomatiquement et pacifiquement
en possession des anciennes frontières du Rhin.

33° Dans ce moment d'effervescence populaire, les insurgés, qui ne
savent que détruire, se portent au palais de l'Archevêché et en font
le sac, déchirent et jettent à la rivière une grande partie des précieux
livres et manuscrits que renfermait la magnifique bibliothèque (²).

34° Un gouvernement provisoire s'établit après la révolution.

35° La famille royale est obligée de quitter le sol de la France,

36° Qu'elle quitte à petites journées, accompagnée de plusieurs
milliers de gardes royaux, d'un grand nombre d'amis et de fidèles
serviteurs, ainsi que de trois commissaires du Gouvernement provisoire, lesquels, pour la plupart, versent des larmes au moment de
se séparer (³). Elle s'embarque à Cherbourg le 16 août 1830.

37° Elle adopte l'Angleterre pour terre d'exil.

38° Charles X, en y mettant le pied, laisse couler des larmes de
se voir sur cette terre.

39° La température, au moment de la révolution, est très-élevée
(36 degrés centigrades).

40° Quelques jours après, il se déclare à Paris un orage épouvantable, accompagné d'éclairs et de tonnerre.

41° Mise en accusation des ministres de Charles X.

42° Une loi de la Chambre des députés, du 24 mars 1831, promulguée le 11 avril 1832, prononce la déchéance et le bannissement
perpétuel de Charles X et de la famille de la branche aînée des
Bourbons.

43° Le chef de la famille meurt sur la terre étrangère, à Göritz
(Autriche), le 6 novembre 1836, à l'âge de 79 ans.

44° Le texte de la loi de bannissement est abrogé par un décret de
l'Assemblée nationale, souveraine, rendu dans la séance du 8 juin
1871, à une majorité de 484 voix contre 103, et promulgué le 17 du
même mois.

45° Il est à regretter que, dans la circonstance de ce vote solennel, l'Assemblée nationale n'ait pas fait pour les morts ce qu'elle fit
pour les vivants, c'est-à-dire décréter et faciliter le retour en France
des restes mortels de Charles X, qui reposent dans les caveaux du
couvent des Franciscains à Göritz, pour être transférés à la basi-
lique de Saint-Denis, près des tombeaux de ses royaux aïeux (⁴).

23° La garde municipale se présente la première au combat, et succombe.

24° Elle est licenciée.

25° Mais l'utilité de ce corps, par les services qu'il rend à la cause de l'ordre public, le fit reconstituer par le gouvernement nouveau, quelque temps après, sous le nom de Garde de Paris.

26° L'inviolabilité royale, proclamée dans la Charte de 1830, devient une dérision.

27° Louis-Philippe Ier est déchu du trône à 74 ans,

28° En février, mois de la mort du duc de Berri.... ([2]).

29° Il abdique en faveur de son petit-fils, le comte de Paris, sous le nom de Louis-Philippe II, âgé de 10 ans (par suite de la mort du duc d'Orléans).

30° Le comte de Paris est présenté comme roi.

31° Il est refusé, et on répond qu'*il est trop tard*.

32° En tombant du pouvoir, ce gouvernement, appelé *de Juillet*, laisse la France humiliée déjà en partie par des concessions et des indemnités faites à l'étranger, les finances assez obérées, et un moment (en 1840) si isolée, qu'il fut obligé de faire construire les fortifications de Paris, qui coûtèrent plus de six cents millions au pays.

33° Dans ce moment d'effervescence populaire, les insurgés, qui ne savent que détruire, se portent au Palais-Royal, en font le sac, déchirent et brûlent une grande partie des beaux ouvrages que renfermaient les riches bibliothèques.

34° Un gouvernement provisoire s'établit après la révolution.

35° La famille royale est obligée de quitter le sol de la France,

36° Qu'elle quitte précipitamment, sans se donner le temps de prendre même ce qui est nécessaire à la vie, obligée de se cacher et de se déguiser pour échapper à la fureur du peuple de certains pays qu'elle traverse, sans défense, abandonnée des siens, et même de ses favoris. Elle s'embarque au Havre, dans la nuit du 2 au 3 mars 1848.

37° Elle adopte l'Angleterre pour patrie d'exil.

38° Louis-Philippe, en y mettant le pied, s'écrie, *en anglais :* « Ah! Dieu merci, me voilà sur le sol hospitalier de l'Angleterre! »

39° La température, au moment de la révolution, est très-douce pour la saison (12 à 14 degrés centigrades).

40° Dans la journée du 26 février, à deux heures de l'après-midi, s'élèvent, à Paris, un ouragan terrible et une pluie torrentielle, accompagnés d'éclairs et de tonnerre.

41° Mise en accusation des ministres de Louis-Philippe.

42° Par un décret du 24 février 1848, le Gouvernement provisoire prononce la déchéance et le bannissement perpétuel de Louis-Philippe Ier et de la famille d'Orléans.

43° Le chef de la famille meurt ([3]) sur la terre étrangère, à Claremont (Angleterre), le 26 août 1850, à l'âge de 76 ans.

44° Le texte du décret de bannissement est abrogé par un décret de l'Assemblée nationale, souveraine, rendu dans la séance du 8 juin 1871, à une majorité de 484 voix contre 103, et promulguée le 17 du même mois.

45° Il est à regretter que, dans la circonstance de ce vote solennel, l'Assemblée nationale n'ait pas fait pour les morts ce qu'elle fit pour les vivants, c'est-à-dire décréter et faciliter le retour en France des restes mortels de Louis-Philippe, qui reposent dans la chapelle de Claremont, pour être transférés, dans les caveaux de la chapelle du château de Dreux, au milieu de tous les princes de sa famille, ascendants ou descendants ([4]).

46º Cette ouverture, si équitable, des portes de la patrie par les mandataires du pays, n'a pu profiter, jusqu'à présent, au comte de Chambord, comme à son grand-oncle Louis XVIII, en 1814. Il n'y peut rentrer que comme roi ([5]).

---

(1) Charles X, de Saint-Cloud où il était au moment des ordonnances, se retira à Rambouillet, où il nomma son cousin Louis-Philippe, duc d'Orléans, lieutenant général du royaume pendant la minorité de son petit-fils.

Peu de jours après, une horde d'insurgés se porte sur Rambouillet pour obliger le roi à partir. Charles X, qui pouvait les faire foudroyer par sa royale et fidèle garde qui l'entourait, lui et son infortunée famille, préféra l'exil à une nouvelle effusion de sang.

Mme la duchesse de Berri, qui s'était retirée deux ans après en Vendée pour défendre les droits de son fils à la couronne de France, s'y voit poursuivie, traquée, vendue et emprisonnée pendant sept cruels mois, du 7 novembre 1832 au 8 juin 1833, au mépris de sa royale personne et de la dignité de celui qui la faisait poursuivre sous le ministère Thiers. Cet oubli des choses contre une proche parente fut généralement très-blâmé par tous les honnêtes gens.

On alla même après cette triste époque jusqu'à vouloir, à plusieurs reprises, déposséder le duc de Bordeaux du magnifique domaine de Chambord, que la France lui avait offert à sa naissance; mais l'intégrité des trois tribunaux devant lesquels cette cause célèbre fut appelée fit bonne justice de cette prétention sans nom.

(2) Cet acte de vandalisme révolutionnaire fut renouvelé l'année suivante par d'autres insurgés, les 13 et 14 février 1831, qui compléta l'anéantissement de ce grand trésor littéraire, théologique et canonique, amassé très-laborieusement par son docte et érudit bibliothécaire, et, dans ce même moment, d'autres émeutiers traquaient dans Paris, comme une bête fauve, le vénérable archevêque de ce temps-là, Mgr de Quélen.

(3) A ce moment suprême de séparation, *le 16 août* 1830, un des commissaires du Gouvernement provisoire (M. Odilon Barrot) se tournant vers Charles X et lui présentant le duc de Bordeaux lui dit ces paroles mémorables : « Sire, conservez bien cet enfant : les destinées de la France reposent sur lui. »

Cette conservation, toute providentielle, est là, tous les jours, pour confirmer ce désir, noblement et prophétiquement exprimé par celui auquel il ne sera pas donné de voir ce prince rentrer en possession du trône de ses royaux aïeux, car il mourut le 6 août 1873.

(4) Un jour viendra sans doute où les restes du roi Charles X (comme ceux de Louis-Philippe) seront aussi rendus à la patrie.

Mais ils ne peuvent y rentrer qu'avec tous les honneurs dus à un roi de France, et avec tout l'appareil militaire qui présidait en 1830 à son départ pour l'exil.

(5) Relativement à la question du drapeau blanc, qui a été pendant des siècles celui de la France. — Question malheureusement oiseuse, illogique et sans raison d'être après la déclaration si précise du Prince « qu'il ne pouvait être le roi légitime de la révolution » et cause de l'ajournement de la royauté de fait d'Henri V au trône de France. — Ci-dessous les paroles officielles du comte de Chambord, d'après le procès-verbal de la Commission des Neuf. Mais, cette déclaration ayant été dénaturée par des personnes intéressées, motiva la lettre du Prince reproduite par tous les journaux, et datée de Salzbourg, 27 octobre 1873.

« 1° M. le comte de Chambord ne demande pas que rien soit changé au drapeau « avant qu'il ait pris possession du pouvoir.

« 2° Il se réserve de présenter au pays et se fait fort d'obtenir de lui, par ses représentants, à l'heure qu'il jugera convenable, une solution compatible avec son honneur et qu'il croit de nature à satisfaire l'Assemblée et la nation. »

Le centre droit faisait dire à M. Chesnelong (membre de l'Assemblée nationale) : « Le drapeau tricolore est *maintenu*. Il ne pourra être modifié que par l'accord du Roi et de l'Assemblée. »

« L'homme s'agite et Dieu le mène, » a dit un philosophe chrétien.

Reconnaissons tous, dans cette similitude d'événements, le doigt de Dieu, et inclinons-nous devant ses décrets, en le priant de conduire au bien les hommes appelés à nous gouverner, et de sauver la France, notre belle patrie, du désordre et de l'anarchie.

Dix-neuvième édition, corrigée et considérablement augmentée de rapprochements, de notes et du parallèle ci-après.

46° Cette ouverture équitable, des portes de la patrie aux princes d'Orléans, est due, en grande partie, aux voix des légitimistes mandataires du pays, comme celles de 1814 et de 1815 ont été dues au retour des Bourbons, lesquelles ont fait rentrer ces princes en possession de leurs titres et de leurs biens.

---

(1) Louis-Philippe, alors comme duc d'Orléans, qui était à sa résidence d'été de Neuilly, au moment de la révolution de 1830, s'y voit offrir la couronne, à quelques jours de là, par une députation des chefs du mouvement révolutionnaire; et il ne tint pas compte du titre de lieutenant général que lui avait conféré son royal parent, et accepta la royauté.

Il revint à Paris; il est présenté par le général de Lafayette, au balcon de l'Hôtel de Ville, comme étant la meilleure des républiques.

Plus tard, plusieurs des chefs de l'insurrection eurent regret d'avoir aidé à introniser Louis-Philippe comme roi des Français, à cause de son ingratitude à leur égard, et notamment le député Jacques Laffitte qui, en plein Parlement et à la face du pays, demanda pardon à Dieu et aux hommes d'y avoir participé.

Pendant les premières années du règne de Louis-Philippe, l'oubli des choses fut poussé à ce point qu'on institua un ordre pour décorer les fauteurs de la guerre civile. (Cet ordre est fort heureusement tombé en désuétude quelques années après.) On alla même jusqu'à glorifier l'insurrection et dresser une colonne aux victimes de la révolte, sans réfléchir que cette insurrection, qui avait élevé le duc d'Orléans au pouvoir, pourrait bien le renverser, ce qui ne manqua pas d'arriver dix-sept ans après.

La faiblesse du pouvoir, cédant devant l'exigence de l'émeute, alla jusqu'à effacer et renier le blason ducal de ses ancêtres.

(2) Le rapprochement 28e indiquant la mort du duc de Berri et celle du duc d'Orléans a donné lieu à une méprise que nous tenons à rectifier. Ces deux événements ont une analogie singulière qui peut faire naître de nombreuses réflexions. Le duc de Berri a été assassiné *en février, mois de la chute de Louis-Philippe,* et le duc d'Orléans est mort *en juillet, mois de la chute de Charles X.*

Il n'est pas jusqu'à la dénomination de *route de la Révolte,* où le duc d'Orléans trouva la mort à Neuilly (où son père avait accepté la couronne), qui ne présente une certaine coïncidence avec ce qu'on a appelé la *révolte de 1830.*

(3) A cette heure suprême, Louis-Philippe ayant autour de son lit de mort tous ses enfants, leur recommanda de se rallier au Comte de Chambord, comme chef de la famille, et de reconnaître en lui le principe de l'autorité légitime et héréditaire. Ce grand acte de réconciliation a été accompli, tout spontanément, *le 5 août* 1873, par la visite franche et cordiale du Comte de Paris, et accepté franchement et loyalement, au château de Frohsdorf, par le Comte de Chambord.

Voici la déclaration faite par le Comte de Paris, le 5 août 1873, au Comte de Chambord.

« Je viens vous rendre une visite que je souhaitais de vous faire depuis longtemps; je viens en mon nom et au nom de tous les membres de ma famille, vous présenter mes respectueux hommages, non-seulement comme au chef de notre maison, mais encore comme au représentant du principe monarchique en France. *Je souhaite qu'un jour vienne où la nation française comprendra que son salut est dans ce principe. Si jamais elle exprime la volonté de revenir à la Monarchie, nulle compétition au trône ne s'élèvera dans ma famille.* »

Il est regrettable que les princes d'Orléans, dans l'intérêt du pays, n'aient pas facilité d'une manière plus efficace le retour de la Maison de France. L'avénement d'Henri V, que ces princes eussent entouré comme d'une auréole de gloire de leurs nobles et nombreuses personnes, eût mis fin certainement, par cette union monarchique, à l'état difficile dans lequel se trouve plongé notre patrie depuis la révolution de 1830.

Ce qui n'a pas été fait en 1873, peut encore se faire, Dieu aidant.

(4) Sur la demande des princes d'Orléans, le maréchal de Mac-Mahon, président de la République, autorisa récemment cette translation des cendres de Louis-Philippe et de tous les membres de la famille, au nombre de neuf, décédés en exil, depuis la révolution de 1848; et le 9 juin 1876, ils étaient déposés sans aucun apparat dans les caveaux de la chapelle du château de Dreux, accompagnés seulement des princes d'Orléans et de quelques amis.

Lecteur, voici une page curieuse et précieuse à conserver dans les annales de notre histoire, peut-être unique dans les annales du monde : elle contient tout un enseignement; qu'il serve de leçon à chacun de nous (elle devrait être classique et affichée dans toutes les communes), et particulièrement aux hommes appelés à gérer les intérêts moraux et matériels de notre pays.

N. B. — La première édition de ce petit opuscule ne contenant que 32 rapprochements a paru le mardi 29 février 1848.

AUTRE RAPPROCHEMENT

ENTRE LA CHUTE DE LOUIS-PHILIPPE Ier ET CELLE DE LOUIS-NAPOLÉON III,
QUI, BIEN QUE NE COÏNCIDANT PAS PRÉCISÉMENT, QUANT AU N° 14, AVEC LA CHUTE DU SECOND EMPIRE, N'EN EST PAS MOINS CURIEUX ET FRAPPANT D'ANALOGIE COMME CELUI CI-CONTRE.

1° Louis-Philippe arrive au trône, le 9 août 1830, par le fait d'une révolution, et devant des barricades; il en tombe le 24 février 1848, par suite d'une autre révolution [1],	1° Louis-Napoléon arrive au trône, le 2 décembre 1852, par le fait d'un coup d'État, et devant des barricades; il en tombe le 4 septembre 1870, par suite d'une révolution,
2° Que l'on a appelée la révolution du mépris, provoquée par un banquet réformiste.	2° Que l'on a appelée la révolution de la honte, provoquée par le désastre de Sedan.
3° A ce moment, dans Paris, sont brisés, par les insurgés, tous les emblèmes et écussons royaux, comme l'ont été ceux de la monarchie légitime en 1830.	3° A ce moment, dans Paris, sont brisés, par les insurgés, tous les emblèmes et écussons impériaux, comme l'ont été ceux du premier Empire en 1814 et 1815.
4° Par le fait de cette révolution, la Charte de 1830, répétition partielle de celle de 1814, déclarée devoir être désormais *une vérité*, est annulée, comme l'ont été toutes celles qui l'ont précédée.	4° Par le fait de cette révolution, la Constitution de 1852, déclarée *immuable* par son auteur, est annulée comme l'ont été toutes celles qui l'ont précédée.
5° Cette charte ou constitution, tout humaine, supposée devoir durer des siècles, était la quinzième depuis celle décrétée par l'Assemblée nationale le 3 septembre 1791.	5° Cette constitution, tout humaine, supposée devoir durer des siècles, était la dix-huitième depuis celle décrétée par l'Assemblée nationale le 3 septembre 1791.
6° La fin de ce règne, laborieux et très-agité, a été signalée par des faits de nature à porter une grave atteinte à la morale et la conscience publiques, par des assassinats et des concussions (affaires Praslin, Teste, etc.). Elle fut également marquée par la perte douloureuse d'une personne qui était chère au roi, surtout par les conseils qu'elle lui donnait (Mme la princesse Adélaïde, sœur de Louis-Philippe, morte en décembre 1847).	6° La fin de ce règne, laborieux et très-agité, a été signalée par des faits de nature à porter une grave atteinte à la morale et la conscience publiques, par des assassinats ayant, pour l'un, un motif politique, et pour l'autre, une raison de cupidité (affaires Pierre Bonaparte, V. Noir, Troppmann, etc.); ajoutons des mouvements populaires tendant à troubler l'ordre public.
	Il a été marqué aussi par un plébiscite qui donna au pouvoir sept millions de voix, et qui a été, en grande partie, la cause des malheurs qui pesèrent, depuis, si douloureusement sur nous.
Ces faits, d'une haute gravité, agitèrent grandement et péniblement l'opinion publique, et furent comme les avant-coureurs de la triste fin de ce pouvoir d'origine insurrectionnelle.	Ces faits, d'une haute gravité, qui agitèrent grandement et péniblement l'opinion publique, furent comme les avant-coureurs de la triste fin de ce pouvoir d'origine insurrectionnelle.
7° En tombant du pouvoir, ce gouvernement laisse la France dans une situation difficile. Non-seulement sa dette publique s'était considérablement augmentée, mais encore en diverses circonstances elle avait été obligée de faire des concessions humiliantes à l'étranger et même de payer des indemnités (affaire Pritchard). L'isolement du pays fut tel d'ailleurs, qu'en 1840 on jugea nécessaire, comme mesure de prudence, de protéger Paris par une ligne continue de fortifications, appuyées d'un certain nombre de forts détachés [2].	7° En tombant du pouvoir, ce gouvernement laisse la France avec une dette publique augmentée de plusieurs milliards, provenant d'emprunts successifs motivés par les guerres de Crimée, d'Italie, du Mexique et de Prusse. Cette dernière guerre surtout, entreprise sans préparation sérieuse, déclarée le 15 juillet 1870, eut pour résultat l'envahissement de notre pays. Paris bloqué (18 septembre 1870) résista cinq mois, mais pressé par la famine dut capituler (28 janvier 1871). Cette capitulation nous conduisit à une paix humiliante, qui nous coûta l'Alsace et la Lorraine et cinq milliards d'indemnité!!! [1].
8° Mais ces fortifications furent impuissantes pour nous sauver et nous délivrer d'une invasion étrangère et du blocus très-rigoureux formé autour de Paris pendant près de cinq longs mois (en 1870 et 1871).	8° Cette invasion fut la troisième sous ce mode de gouvernement [2], et, cette fois, elle a été encore plus désastreuse que celles de 1814 et de 1815, car Paris eut à subir un siége de cinq mois et un bombardement de vingt-quatre jours, du 5 au 28 janvier 1871.
9° L'héritier présomptif de la couronne, le prince royal, est présenté par sa mère comme successeur, et refusé à la Chambre des députés par les représentants du pays.	9° L'héritier présomptif de la couronne, le prince impérial, est présenté par sa mère comme successeur, et refusé au Corps législatif par les représentants du pays.
10° Il est le troisième prince qui, né héritier de la couronne dans ce siècle et au palais des Tuileries, ne succéda pas à son père ou grand-père, par suite d'une révolution qui renversa le pouvoir. Les deux premiers sont le duc de Reichstadt et le duc de Bordeaux.	10° Il est le quatrième prince qui, né héritier de la couronne dans ce siècle et au palais des Tuileries, ne succéda pas à son père ou grand-père, par suite d'une révolution qui renversa le pouvoir. Les trois premiers sont: le duc de Reichstadt, le duc de Bordeaux et le comte de Paris.
11° Pendant le cours du règne de Louis-Philippe, plusieurs attentats sont dirigés contre sa vie; mais c'est en vain que l'arme des assassins est tournée contre sa personne:	11° Pendant le cours du règne de Louis-Napoléon, plusieurs attentats sont dirigés contre sa vie; mais c'est en vain que l'arme des assassins est tournée contre sa personne:
12° Ce qui amena le jugement et la condamnation à la peine de mort de plusieurs de ces assassins.	12° Ce qui amena le jugement et la condamnation à la peine de mort de plusieurs de ces assassins.

13° Il était réservé sans doute, à ce monarque, d'aller mourir sur la terre d'exil d'outre-Manche, où il s'était déjà réfugié, au même titre, dans sa jeunesse.

14°

1773		**1782**		**1809**	
date	1	année	1	année	1
de la naissance		de		de	
de	7	la naissance de	7	leur	8
Louis-Philippe	7	**Marie-Amélie**		**mariage**	
additionnée		additionnée	8	additionnée	0
avec celle de son	3	avec	2	aussi	9
avénement		celle		avec celle	
en	1830	de	1830	de	1830
donne celle		donne de même		donne encore	
de sa chute en **1848**		celle de **1848**		celle de **1848**	

15° La princesse Marie-Amélie, Sicilienne, ne se marie qu'à l'âge un peu tardif de 27 ans !

16° Il résulte de ces dates d'avénement et de chute, que Louis-Philippe Ier régna 17 ans 6 mois et 20 jours.

17° Il mourut dans sa troisième année d'exil, à Claremont (Angleterre), le 26 août 1850.

18° C'est le troisième souverain sur quatre qui, en ce siècle, ne meurt pas sur le trône. Le premier est Napoléon Ier, et le second Charles X.

Il est triste de constater, qu'en un siècle, depuis la mort de Louis XV arrivée le 10 mai 1774, il n'y a que le roi Louis XVIII qui se soit éteint paisiblement sur le trône, le 16 septembre 1824 !

19° Un gouvernement républicain remplace le gouvernement monarchique de la France.

20° C'est le second depuis celui proclamé le 21 septembre 1792, qui, comme le premier, a succombé de mort violente.

21° Une Assemblée nationale est décrétée dès la fin de février 1848 ; elle est nommée peu de temps après par le suffrage universel, institué à cet effet.

22° Le 24 février 1848, un décret du Gouvernement provisoire prononce la déchéance et le bannissement de Louis-Philippe Ier et de sa dynastie.

23° Sous ce gouvernement éclate la plus formidable insurrection que Paris eut jamais vue, dans les terribles journées des 23, 24, 25 et 26 juin 1848, appelées journées de la Saint-Jean, qui furent cependant moins désastreuses que celles de mai 1871, où le combat dans Paris dura huit jours.

24° Dans ce combat terrible, on voit, avec regret, des gardes nationaux se battre les uns contre les autres, et même contre l'armée régulière venue au secours de Paris, dont elle avait été tenue éloignée jusque-là par le Gouvernement provisoire.

25° Cette guerre civile s'accomplit sous la devise de la liberté, de l'égalité et de la fraternité, mais humaine et révolutionnaire !

26° Cette insurrection est vaincue par les défenseurs de l'ordre, de la propriété et de la famille, sous la direction habile et énergique du général Cavaignac.

27° Sept généraux ([3]) perdirent la vie en combattant à la tête des troupes cette affreuse insurrection ; et, entre autres, le général de Bréa, qui fut fusillé, par les insurgés, à l'ancienne barrière de Fontainebleau,

28° Sans compter la mort glorieuse d'un grand nombre de défenseurs de l'ordre et de la société.

13º Il était réservé sans doute, à l'empereur, d'aller mourir sur la terre d'exil d'outre-Manche, où il s'était déjà réfugié, au même titre, dans sa jeunesse.

14º 1808		1826		1853	
date	1	année	1	année	1
de la naissance		de la		de	
de	8	naissance	8	leur	8
Louis-Napoléon	0	d'Eugénie de Montijo	2	**mariage**	5
additionnée		additionnée		additionnée	
avec celle de son	8	avec	6	aussi	3
avénement		celle		avec celle	
en	1852	de	1852	de	1852
donne celle qui précéda sa chute	1869	donne de même celle de	1869	donne encore celle de	1869

15º La comtesse Eugénie de Montijo de Téba, Espagnole, ne se marie également qu'à l'âge tardif de 27 ans!

16º Il résulte de ces dates d'avénement et de chute, que Louis-Napoléon III régna 17 ans 8 mois et 6 jours.

17º Il mourut dans sa troisième année d'exil, à Chislehurst (Angleterre), le 9 janvier 1873.

18º C'est le quatrième souverain sur cinq qui, en ce siècle, ne meurt pas en gouvernant. Les trois premiers sont : Napoléon Iᵉʳ, Charles X et Louis-Philippe Iᵉʳ.

Il est triste de constater, qu'en un siècle, depuis la mort de Louis XV arrivée le 10 mai 1774, il n'y a que le roi Louis XVIII qui se soit éteint paisiblement sur le trône, le 16 septembre 1824!

19º Un gouvernement républicain remplace le gouvernement impérial de la France.

20º C'est le troisième depuis le premier, proclamé le 21 septembre 1792.

21º Une Assemblée nationale est nommée, en février 1871, par le suffrage universel, qui est maintenu.

22º Le 1ᵉʳ mars 1871, l'Assemblée nationale vote, à une immense majorité, contre cinq voix seulement, la déchéance et le bannissement de Napoléon III et de sa dynastie.

23º Sous ce gouvernement éclate la plus formidable insurrection que Paris, la France et le monde aient jamais vue, du 18 mars au 28 mai 1871, sous le nom de la Commune, et cette fois elle embrasse tout Paris, ainsi que les forts et redoutes de la rive gauche, tandis que celle de 1848 n'occupait que la partie sud-est limitée par l'ancien parcours de la rue de Laharpe, la rue et le faubourg Saint-Denis jusqu'à l'ancienne barrière Poissonnière [3].

24º Dans ce terrible combat, on voit malheureusement une grande partie des bataillons de la garde nationale se joindre aux insurgés et se battre contre l'armée régulière, qui s'était retirée à Versailles avec le Gouvernement lorsque éclata l'insurrection du 18 mars 1871.

25º Cette guerre civile s'accomplit sous la devise de la liberté, de l'égalité et de la fraternité, mais humaine et révolutionnaire!

26º Cette insurrection est, néanmoins, vaincue par les défenseurs de l'ordre, de la propriété et de la famille, sous la direction habile et énergique du maréchal de Mac-Mahon.

27º Les généraux Lecomte et Clément Thomas, fusillés au haut de la butte Montmartre, le 18 mars 1871, furent les premières victimes de cette épouvantable insurrection,

28º Sans compter les nombreuses personnes arrêtées pendant la Commune, et dont 47 furent fusillées rue Haxo, et 9 à l'avenue de Fontainebleau, dans les derniers jours de cette guerre fratricide.

29° L'archevêque de Paris, Mgr Affre, s'étant présenté à la barricade de l'entrée du faubourg Saint-Antoine, pour demander aux insurgés la cessation de cette terrible guerre civile, est atteint mortellement d'une balle venue du faubourg.

30° Plusieurs palais et monuments publics furent dévastés et brûlés par les insurgés aux jours de la révolution de 1848 : ainsi le Palais-Royal, celui des Tuileries, le château de Neuilly, le poste du Château-d'Eau, de la place du Palais-Royal (place où furent réduites en cendres les voitures de la cour), la gare de Pontoise, et plusieurs stations du chemin de fer du Nord.

31° Des tribunaux militaires sont institués afin de sévir contre les insurgés.

32° Plusieurs de ces insurgés furent condamnés à la peine de mort, et un grand nombre à la transportation à Lambessa (Algérie).

33° L'Assemblée nationale, souveraine, après les journées de juin, nomme chef du pouvoir exécutif le général Cavaignac, qui est remplacé par le prince Louis-Napoléon, élu par le suffrage universel, sous le titre de Président de la République, le 10 décembre 1848.

34° Par le concours de cette Assemblée souveraine, la société chrétienne obtient par 499 voix contre 237, au mois de mars 1850, la liberté de l'enseignement primaire et secondaire, promise et réclamée, mais en vain, pendant de longues années.

---

(1) Dans ce moment de perturbation sociale les insurgés, qui ne se plaisent qu'à détruire, se portèrent plus particulièrement vers le château du Palais-Royal, qui avait été la résidence du duc d'Orléans de 1815 à 1831, et là ils se ruèrent sur tous les objets d'art qu'ils brisèrent ainsi que sur les bibliothèques dont ils déchirèrent et brûlèrent une grande partie des beaux ouvrages. Toutes les cours furent jonchées des débris.

Pendant ce moment-là, d'autres insurgés s'étaient portés vers le château de Neuilly, qui était la résidence d'été de Louis-Philippe avant et après 1830, et là ils le saccagèrent de fond en comble, et se portèrent à de tels actes, que l'on trouva plusieurs d'entre eux noyés et asphyxiés dans les caves par l'effondrement d'un grand nombre de pièces de vin. L'année suivante, il fut vendu pour plus de cinquante mille francs de porcelaines et objets d'art, qui avaient été brisés par ces misérables.

Ce fut une perte immense, et cet acte de destruction insensée fut particulièrement regretté par tous les amis des beaux-arts, qui déplorèrent l'anéantissement d'une grande partie des richesses que contenaient ces châteaux.

(2) Cet ensemble d'événements porta une grave atteinte à la considération de la France, et lui fit craindre un moment (en 1840) une guerre européenne ; mais pour relever cette précaire et triste situation, qui était à réparer, il fut réalisé plus tard deux unions avec des princesses étrangères, l'une Brésilienne, en 1843, avec le prince de Joinville, et l'autre Espagnole, en 1846, avec le duc de Montpensier. Elles donnèrent une sorte d'appui gouvernemental au pouvoir, mais n'empêchèrent pas sa chute quelques années après.

Cette crainte de guerre européenne fut motivée par la question d'Orient, question toujours si brûlante, qui plus tard, en 1855, amena la guerre de Crimée, où quatre puissances, la France, l'Angleterre, l'Italie et la Turquie, se battirent contre une seule, la Russie.

On se souvient de la prise de Sébastopol qui succomba après un siége de onze mois (8 septembre 1856), mais au prix pour la France de plusieurs centaines de millions et surtout, chose éternellement regrettable, de plus de cent mille de nos braves soldats morts des suites de la guerre ; en revanche quel profit en retira-t-on ? quelques marbres arrachés aux ruines de la ville assiégée !

Cette question se présente aujourd'hui plus vive et plus précise que jamais et pourrait amener sous peu une conflagration européenne ? Serions-nous comme en 1840 sous le coup d'un isolement tel que cette fois encore notre voix nationale serait méconnue ?

C'est ce qui est malheureusement arrivé, car cette grave question, pendante depuis des années, se débat sans solution possible à coups de canon, depuis cinq mois entre la Russie et la Turquie, soit en Europe, soit en Asie, et, de cette lutte d'ambition et d'extermination, nous sommes simples spectateurs, ayant voulu conserver la plus stricte neutralité dans cette question capitale qui nous intéresse cependant à un haut degré, car elle peut changer toute l'assiette européenne.

Ah ! cela ne se serait pas passé ainsi sous la monarchie héréditaire de notre pays, elle qui présidait jadis aux destinées du monde !

Mais patience et espérance !

(3) Ces généraux sont de Bréa, Bourgon, Damesme, Duvivier, François, Négrier et Regnault.

29° L'archevêque de Paris, Mgr Darboy, qui est pris comme otage par les chefs de l'insurrection, est renfermé à la prison de la Roquette, située dans le faubourg Saint-Antoine, et là il est fusillé avec cinq autres otages ([4]).

30° Plusieurs palais, des monuments publics et des propriétés particulières furent dévastés et brûlés par les insurgés : le Palais-Royal, celui des Tuileries, le Palais de Justice, l'Hôtel de Ville, le Conseil d'État, le Ministère des Finances, la bibliothèque du Louvre, les Gobelins, le Grenier d'abondance, les docks de la Villette, etc., et un grand nombre de maisons particulières.

31° Des tribunaux militaires sont institués afin de sévir contre les insurgés.

32° Plusieurs de ces insurgés furent condamnés à la peine de mort, et un très-grand nombre à la transportation dans la Nouvelle-Calédonie.

33° L'Assemblée nationale, souveraine, qui avait nommé M. Thiers ([5]) chef du pouvoir exécutif, lui confère plus tard le titre de Président de la République ; il est remplacé par le maréchal de Mac-Mahon, élu au même titre par le suffrage de la même Assemblée, le 24 mai 1873.

34° Par le concours de cette Assemblée souveraine, la société chrétienne obtient par 306 voix contre 266, au mois de juin 1875, la liberté de l'enseignement supérieur, promise et réclamée, mais en vain, pendant de longues années ([6]).

---

(1) De là l'obligation de plusieurs emprunts qui servirent à payer notre rançon et les frais de l'indemnité de la guerre de 1870-1871.

Malgré nos désastres ces emprunts furent amplement couverts par le pays, mais motivèrent une foule d'impôts qui pèsent lourdement aujourd'hui sur la France.

Tous ces emprunts augmentèrent la dette publique d'environ dix milliards dans l'espace de quelques années, laquelle, ajoutée à l'ancienne, s'élève actuellement au chiffre colossal de plus de vingt milliards.

Cette situation grave n'existait pas sous la Restauration, qui fut certainement une époque de prospérité pour la France.

(2) Ce triste ensemble d'événements ne devrait-il pas nous porter à nous demander sincèrement si la France, en fin de compte, ne tend pas à se défaire et s'amoindrir sous le drapeau tricolore, par nos divisions intestines et nos discordes civiles, tandis qu'elle s'était faite grande, honorée et respectée sous le drapeau blanc, symbole de notre unité nationale ? Que ne revient-on à ce drapeau qui a fait cette homogénéité et ce vrai patriotisme d'autrefois, dans lequel la France a puisé sa force, et lui a permis de *conserver* ce qu'elle a conquis avec lui.... Être ce qu'elle était avant 1789.... et 1830 ?... Faudra-t-il donc alors pour cela que notre malheureuse patrie soit plus humiliée et amoindrie qu'il y a soixante ans, et qu'elle ne le fut encore tout récemment ?

Hâtons-nous donc, pour cela, de revenir au principe régénérateur de la Monarchie pendant qu'il en est temps encore, et d'enter de nouveau sur ce bel arbre, encore vivace de la France, la noble greffe demeurée si pure (que Dieu nous ménage depuis plus de cinquante ans), issue de cette tige royale dont les rameaux ont couvert si longtemps notre beau sol et celui d'autres pays, et qui seule pourra vivifier, d'une manière durable, les branches qui l'entoureront. Cet arbre décapité par la tempête révolutionnaire, il y a quatre-vingts ans, n'a produit généralement que des fruits amers, et les branches sorties du tronc pourraient en donner de plus amers encore, si nous persistons à nous diviser au lieu de nous unir. Ne laissons pas notre pays s'éteindre de consomption, comme tant d'autres nations qui ont eu leur splendeur, mais aussi leur fin.

(3) Dans ce moment de perturbation sociale les insurgés, à la veille d'être cernés par l'armée de l'ordre, le 21 mai 1871, portèrent la torche et l'incendie à l'aide du pétrole, sur un grand nombre de monuments et particulièrement sur la splendide bibliothèque du Louvre, qui fut entièrement consumée, sans égard pour les riches ouvrages, et surtout les rares et précieux manuscrits qui s'y trouvaient renfermés.

Cette dévastation sauvage de nos richesses nationales artistiques et littéraires, semblable au pillage en 1793, de nos châteaux, couvents et abbayes qui contenaient les trésors que nous avaient légués nos pères dans la science et la foi, est à tout jamais irréparable et cent fois pire, eu égard à l'époque où elle eut lieu, que l'incendie de la bibliothèque d'Alexandrie, sous Omar Ier au septième siècle.

(4) Ces otages sont les abbés Allard, Deguerry curé de la Madeleine ; les R. P. Clerc et Ducoudray de la Compagnie de Jésus et le président Bonjean.

(5) Décédé le 3 septembre 1877, à l'âge de 80 ans.

(6) La nouvelle Assemblée élue en février et mars 1876, sans égard pour la

Les réflexions ci-avant ont ici, plus que jamais, leur application.

Les fauteurs de désordre et d'anarchie de notre chère patrie reconnaîtront-ils enfin leur impuissance, se convaincront-ils que l'homme est peu de chose dans les grands événements où Dieu seul a toujours le dernier mot? Car Il n'abandonne jamais ses droits, même au démon qui est plus fort que l'homme. Il a toujours raison de nos calculs.

Si la lecture de tous ces faits aussi extraordinaires que surprenants pouvait ramener à de meilleurs sentiments patriotiques tant d'hommes égarés, et leur faire comprendre que les révolutions sont toujours onéreuses pour le pays et le peuple qui les font ou les laissent faire si inconsidérément, l'auteur s'estimerait encore plus heureux d'avoir eu l'idée de les publier.

Puissent, alors, tous ces faits providentiels, relatés ici, ramener en même temps les princes et les peuples à ce sincère et loyal rapprochement tant désiré et si nécessaire pour le bonheur de tous, et surtout pour l'honneur, la gloire et le salut de notre pays qui, par là, retrouvera cette unité d'autrefois, source de sa force, de sa prépondérance et de sa prospérité pendant de nombreux siècles.

---

loi si récemment votée et à peine en vigueur, et mue par un sentiment de haine contre la religion catholique, annulait dès le 4 juin et jours suivants, par 357 voix contre 123 les articles 13, 14 et 15 de cette loi de l'enseignement supérieur (la collation des grades). Mais le Sénat, par son vote du 22 juillet de la même année, par 144 voix contre 139, s'y refusa, et la loi de la précédente Assemblée fut maintenue tout entière.

Paris, 24 mai 1873, et 1er juin, fête de la Pentecôte.

Alphonse **LANGLOIS.**

Dixième édition revue, corrigée et augmentée de notes et de l'appendice ci-contre ; 29 septembre 1877 (fête de saint Michel Archange, patron de la France).

APPENDICE

Au moment de faire réimprimer ce petit parallèle pour la dix-
neuvième fois depuis 1848, je ne puis résister au désir d'y annexer
quelques comparaisons, vraiment extraordinaires de coïncidence, et
pouvant servir de complément aux rapprochements qui précèdent;
je les ai trouvées dans un petit ouvrage publié il y a quelques
années, par MM. E. Privat, libraire à Toulouse (1), et V. Palmé, à
Paris, et intitulé *Le Grand Pape et le Grand Roi*, 1 vol. in-12,
vendu 1 franc au profit des pauvres.]

Cet ouvrage, qui est arrivé à sa septième édition, contient, à la
page 129, la note suivante, relative aux tristes épisodes de la der-
nière invasion allemande :

Rien de plus éloquent et de plus écrasant que cette coïncidence visible
de la faute et des châtiments. Il suffit d'énumérer les faits et de rappro-
cher les dates pour se convaincre du châtiment de Dieu et pour voir clai-
rement que si Rome souffre par la faute de la France, la France à son
tour, et Paris en particulier, ont dû payer jour par jour en funérailles,
en affronts et en or les souffrances, les humiliations, les spoliations de la
Papauté. Voici le tableau comparatif :

4 Août 1870. — Annonce officielle de l'évacuation de Rome par nos soldats
   français.

Même jour. — Défaite des Français à Wissembourg.

5 Août. — Le corps d'occupation abandonne Viterbe.

Même jour. — L'armée allemande occupe la frontière française.

6 Août. — Le général Dumont s'embarque pour la France à deux heures
   après midi.

Même jour, à la même heure. — Le maréchal de Mac-Mahon est battu et
   opère sa retraite.

A cinq heures, le drapeau est descendu des bastions de Civita-Vecchia.

A la même heure. — Les drapeaux français tombent aux mains des Prussiens.

7 Août. — Départ des derniers 4,000 Français qui défendaient le Saint-
   Siége.

Même jour. — 4,000 Français sont faits prisonniers par les Prussiens.

16 Septembre. — Les Italiens s'emparent de Civita-Vecchia.

Même jour. — Les Prussiens s'emparent de Versailles.

19 Septembre. — Investissement complet de Rome par les Italiens.

Même jour. — Investissement complet de Paris par les Prussiens.

20 Septembre. — La canonnade italienne frappe les remparts de Rome.

Même jour. — La canonnade prussienne réduit en cendres la résidence
   impériale de Saint-Cloud.

24 Septembre. — L'armée pontificale est obligée de sortir de Rome.

Même jour. — Toul capitule, Paris s'effare.

---

(1) Qui m'a autorisé à les reproduire ici.

28 Septembre. — Le général italien commence à agir en souverain dans Rome.

Même jour. — Strasbourg, brûlé, capitule et l'ennemi fait 17,000 prisonniers.

11 Octobre. — Victor-Emmanuel accepte officiellement le plébiscite qui lui donne Rome.

Même jour. — Orléans est pris d'assaut.

22 Octobre. — Le ministre italien répond à la lettre de l'ambassadeur de France qui l'avait félicité d'avoir pris Rome.

Même jour. — Saint-Quentin est canonné, pris et imposé de deux millions et, cinq jours après, Metz capitule et l'ennemi fait 173,000 prisonniers.

30 Décembre. — Le roi d'Italie part pour Rome.

Même jour. — Les Français quittent le plateau d'Avron où ils laissent leur artillerie.

23 janvier 1871. — Le prince Humbert entre à Rome, s'installe au Quirinal.

Même jour. — M. Jules Favre entre à Versailles pour recevoir les conditions de la capitulation de Paris.

1er Février. — La Chambre italienne déclare *la dépossession du Pape un fait accompli.*

Même jour. — Le reste de notre armée, forte de 80,000 hommes, entre en Suisse. Dijon est réoccupé par les Prussiens, et la *défaite de la France est un fait accompli.*

Qui pourrait ne pas s'écrier : *Le doigt de Dieu est là!!! Intelligite! Erudimini!!!*

La lecture de ces faits, dont la vérité historique ne peut malheureusement être contestée, prouve combien la main de Dieu s'est appesantie sur nous en nous faisant subir la loi du talion : *Œil pour œil, dent pour dent.* Cette lecture nous démontre aussi la mise en pratique de cet adage : « Qui aime bien, châtie bien. » En effet, Dieu, qui a toujours aimé la France et la considère encore comme la fille aînée de l'Eglise, sans l'abandonner toutefois à elle-même, lui a fait sentir à ce moment de défaillance, la grande faute qu'elle a commise en abandonnant, de propos délibéré, les intérêts du Catholicisme et ceux du Père commun des fidèles, qu'elle sauvegardait depuis tant de siècles.

Tous ces faits, si frappants d'analogie, doivent nous rendre évidente l'action providentielle dans tout ce qui se passe ici-bas, et nous remettre en mémoire ce proverbe que l'on répète souvent mais dont on se pénètre si peu : *L'homme propose et Dieu dispose.* Ils doivent aussi nous porter à déplorer l'aveuglement de tant de personnes qui ne veulent pas voir la triste situation faite à notre pays, depuis tantôt un siècle, par l'esprit révolutionnaire qui nous divise, et à qui ces terribles leçons données par la Divine Providence outragée, risquent de rester inutiles.

A. L.

FIN

Typographie Lahure, rue de Fleurus, 9, à Paris

PARIS. — TYPOGRAPHIE LAHURE
Rue de Fleurus, 9